LES ÉNIGMES DES PETITS GÉNIES !

Du CP au CE1

LAROUSSE

Direction de la publication : Carine Girac-Marinier
Édition : Nadine Martrès
Direction artistique : Uli Meindl
Mise en pages : SKGD-Création
Lecture-correction : Catherine Decayeux
Fabrication : Marlène Delbeken

ISBN : 978-2-03-597067-1

LES ÉNIGMES DES PETITS GÉNIES !

Du CP au CE1

VALÉRIE HERMAN

LAROUSSE

SOMMAIRE

ÉNIGME 6

ÉNIGME 7

ÉNIGME 8

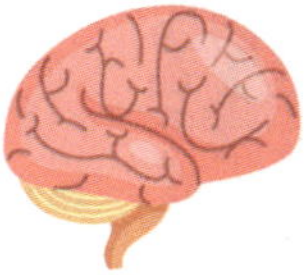

Tu es un passionné d'histoire, de géographie, de sciences, de nature et d'environnement ?

Alors utilise tes connaissances et tes méninges pour mener l'enquête et montrer que tu es VRAIMENT un petit génie !

RÉCOLTE TOUS LES INDICES POUR RÉSOUDRE CHAQUE ÉNIGME !

ÉNIGME 1

LE CORPS HUMAIN, CETTE ÉTONNANTE MACHINE

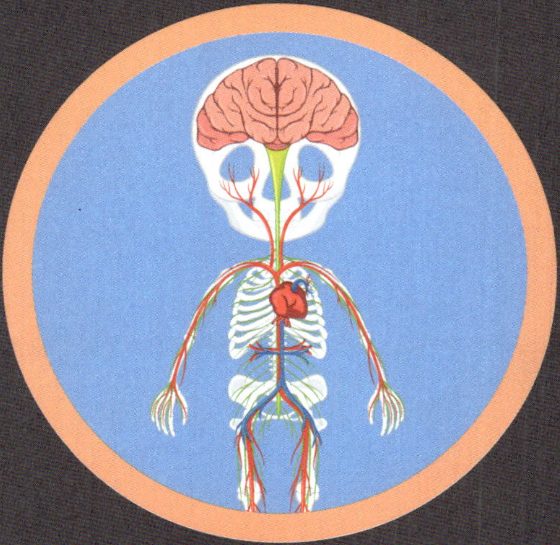

ÉNIGME 1 L'HISTOIRE

Mathis veut faire un exposé sur le corps humain. Il aimerait savoir comment fonctionne cette étonnante machine. Chaque indice va l'aider à découvrir qui est le chef d'orchestre de notre corps.

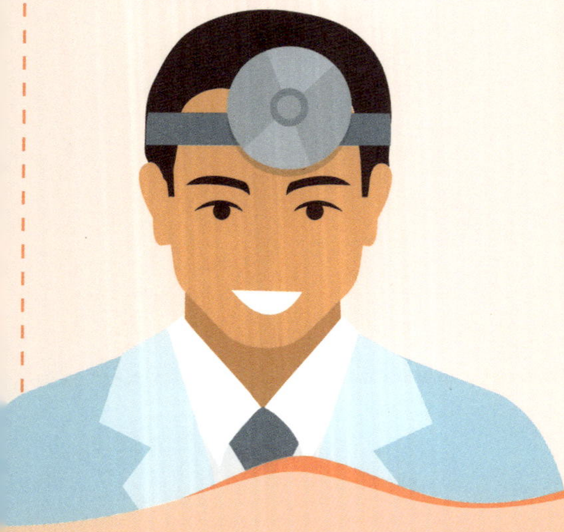

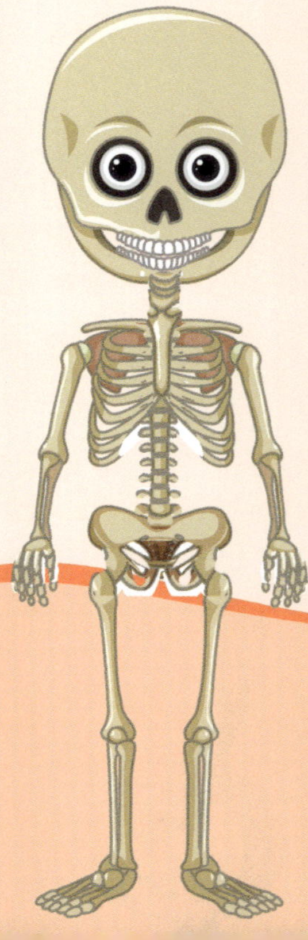

JE COMPTE SUR TOI POUR L'AIDER DANS SES RECHERCHES.

ÉNIGME 1

INDICE 1 Observe les mots et les images correspondant à certaines parties du corps humain.

RETROUVE CES SIX MOTS DANS LA GRILLE, COLORIE-LES ET NOTE AU BAS DE LA PAGE LE MOT DE LA PARTIE DU CORPS QUI RESTE.

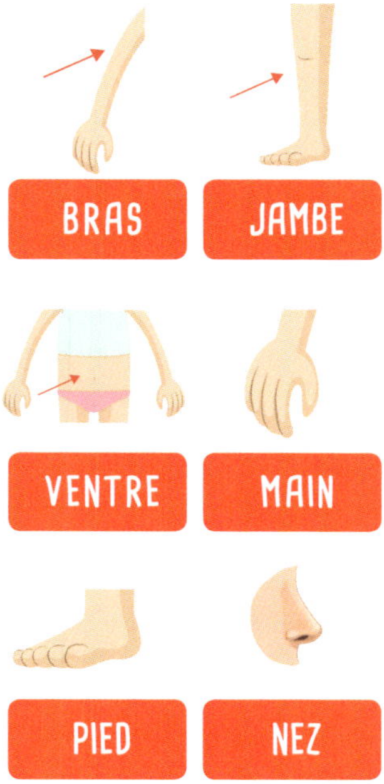

V		M			J
E		A	N		A
N	P	I	E	D	M
T		N	Z		B
R	B	R	A	S	E
E	T	E	T	E	

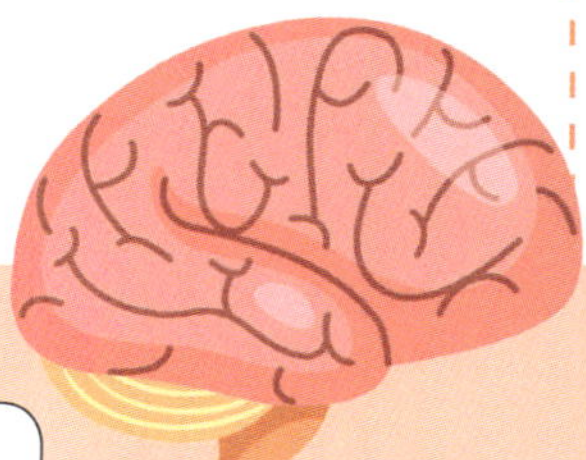

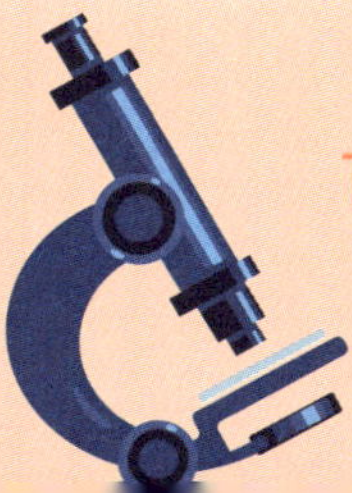

TA RÉPONSE : ☐☐☐☐

ÉNIGME 1

Le CORPS HUMAIN, cette ÉTONNANTE MACHINE

INDICE 2

Il y a plus de 200 os dans notre corps. Mais comment s'appelle celui qui protège notre tête ?

RETROUVE SON NOM GRÂCE AUX INFORMATIONS SUIVANTES :

- LA 1RE LETTRE DU MOT EST AUSSI LA 1RE LETTRE DU TABLEAU.
- SUR LA 3E LIGNE, C'EST LA LETTRE DU MILIEU QU'IL FAUT PRENDRE.
- SUR LA 4E LIGNE, C'EST L'AVANT DERNIÈRE.
- SUR LA 6E LIGNE, C'EST CELLE QUI SE SITUE APRÈS LE E.
- SUR LA 7E LIGNE, LA LETTRE QUI T'INTÉRESSE Y EST 2 FOIS.

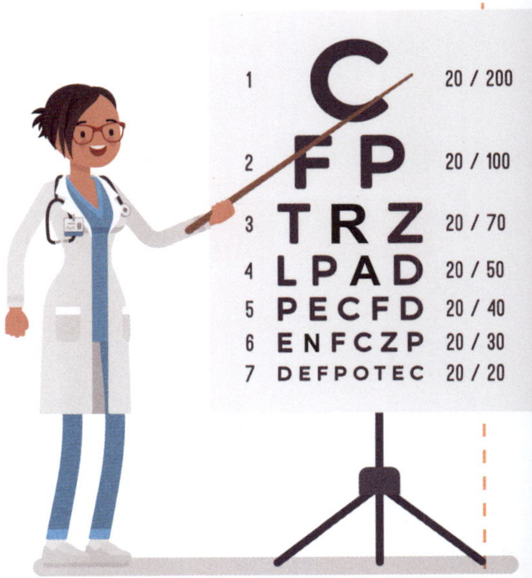

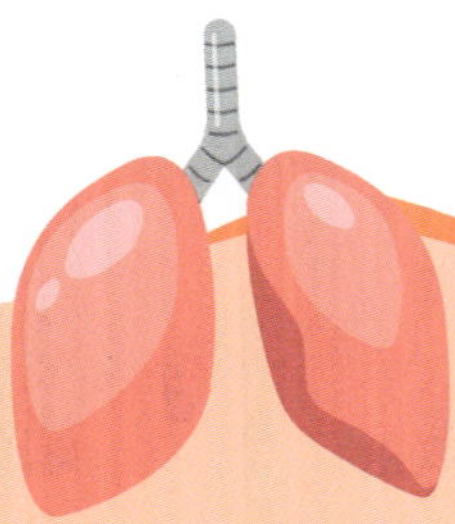

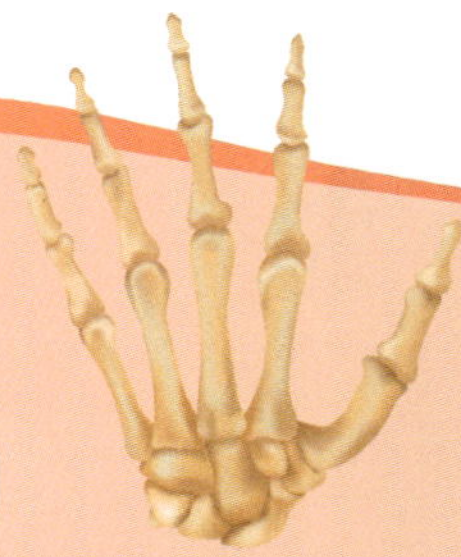

TA RÉPONSE : ☐☐☐☐☐

Indice 3

Mathis est très impressionné par l'organe principal du corps humain. Sans lui, rien ne serait possible. Tu le connais sûrement !

Trouve le nom de cet organe grâce à ces indications :

- Ma 1re lettre est la 3e de l'alphabet
- Ma 2e lettre est située entre le N et le P
- Ma 3e lettre est située après le D
- Ma 4e lettre est située avant le V
- Ma 5e lettre est la 18e lettre de l'alphabet

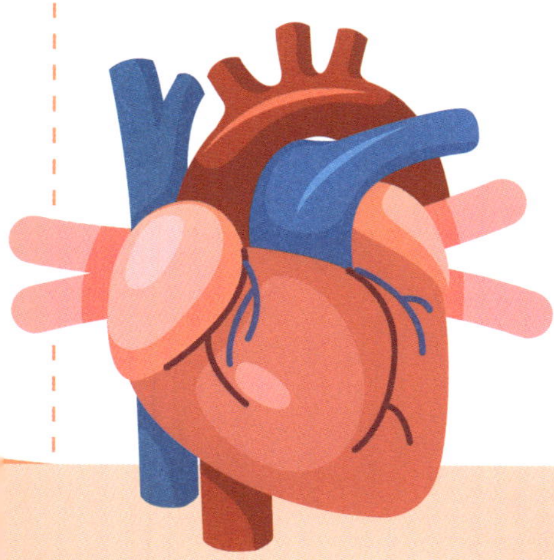

Ta réponse : ☐☐☐☐☐

INDICE 4

Mathis explique que pour être en bonne santé, il faut manger des fruits car ils apportent plein de .... ?

AIDE MATHIS À FINIR SA PHRASE EN TROUVANT LE MOT DANS LE TABLEAU GRÂCE À CES INFORMATIONS :

- IL NE SE TERMINE PAS PAR LA LETTRE E.
- IL CONTIENT AU MOINS UN A.
- IL EST COMPOSÉ DE 4 SYLLABES.
- IL EST COMPOSÉ DE 9 LETTRES.

MINÉRAUX

VITAMINES

OXYGÈNE

LIPIDES

TA RÉPONSE : ☐☐☐☐☐☐☐☐☐

INDICE 5

Mathis veut préparer des expériences sur les 5 sens. Pour cela, il doit d'abord savoir quel sens correspond à quel organe.

À L'AIDE DE CRAYONS DE CINQ COULEURS DIFFÉRENTES, AIDE MATHIS EN TROUVANT LES BONS CHEMINS.

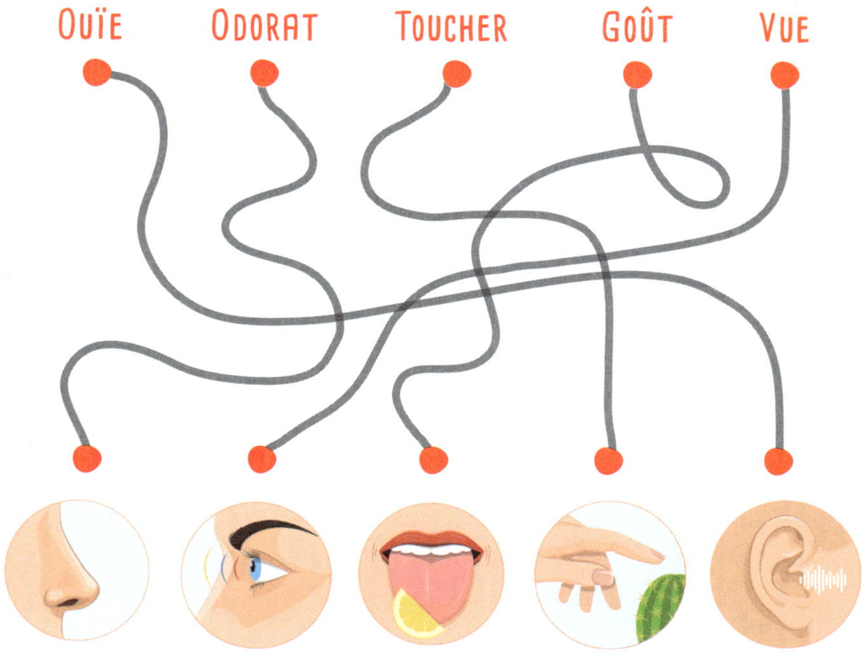

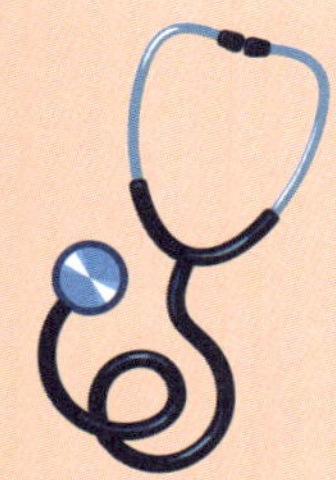

D'APRÈS TOI, QUEL ORGANE NOUS PERMET DE SENTIR ?

TA RÉPONSE : ☐☐☐

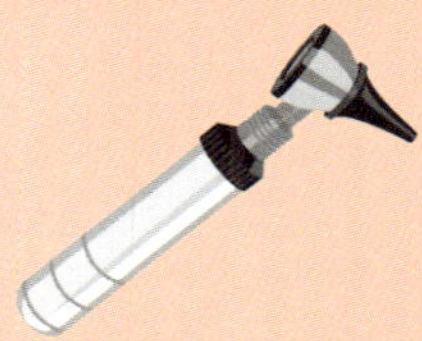

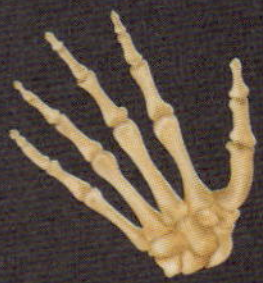

ÉNIGME 1 DÉNOUEMENT

Maintenant que tu as découvert tous ces d'indices sur le corps humain, trouve l'organe qui le contrôle !
Cet organe se situe à l'intérieur de l'indice N°1....................
et est protégé par l'indice N°2.................... Il envoie des messages aux organes des indices N°3.............. et N°5........
et il a besoin pour fonctionner de l'indice N°4..........................

TU AS TROUVÉ ? POUR CONFIRMER TA RÉPONSE, DÉCODE CE RÉBUS.

TA RÉPONSE :

☐☐☐☐☐☐☐

BRAVO ! GRÂCE À TOI L'EXPOSÉ DE MATHIS EST VRAIMENT COMPLET !

ÉNIGME 2

SAUVONS LES ANIMAUX !

ÉNIGME 2 L'HISTOIRE

Mathis est inquiet. De nombreuses espèces animales sont menacées d'extinction. Il aimerait écrire un article sur le site de l'école pour alerter ses camarades. Pour cela, il a besoin d'informations et va faire appel à tes connaissances !

À TOI DE JOUER !

INDICE 1

L'animal que cherche Mathis vit en Afrique et est chassé pour sa corne, constituée en partie d'ivoire.

POUR TROUVER CET ANIMAL, METS CES SYLLABES DANS L'ORDRE.

NO

ROS

CÉ

RHI

TA RÉPONSE : ☐☐☐☐☐☐☐☐☐☐

ÉNIGME 2

SAUVONS LES ANIMAUX

INDICE 2

Mathis a appris que le réchauffement climatique menace l'habitat de l'ours polaire. Mais connais-tu le nom de l'étendue gelée sur laquelle il vit ?

POUR RETROUVER CE MOT, VOICI UN CODE SECRET SACHANT QUE CHAQUE LETTRE EST REMPLACÉE PAR SON RANG DANS L'ALPHABET : PAR EXEMPLE A = 1, B = 2...

2	1	14	17	21	9	19	5

TA RÉPONSE : ☐☐☐☐☐☐☐☐

INDICE 3

La reine et ses ouvrières habitent dans une ruche et produisent le miel. Connais-tu le nom de cet insecte dont l'existence est très menacée ?

POUR LE DÉCOUVRIR, BARRE LE MOT RUCHE DANS CETTE GRILLE SACHANT QUE TU PEUX LIRE DE GAUCHE À DROITE OU DE HAUT EN BAS. LES LETTRES RESTANTES FORMERONT LE NOM DE CET INSECTE.

R	U	C	H	E	A			
U	R	U	C	H	E	B		
C	U	R	U	C	H	E	E	
H	C	U		I	R			
E	H	C	L	R	U	C	H	E
L	E	H	R	U	C	H	E	
		E		E	H			
					E			

TA RÉPONSE :

SAUVONS LES ANIMAUX

INDICE 4

Mathis a lu que beaucoup d'animaux disparaissent à cause de la destruction des forêts.
Aide-le à trouver le nom d'une espèce d'ours très menacée, qui vit en Chine.

POUR LE TROUVER, SUPPRIME DANS CE DRÔLE DE MOT LES LETTRES QUI CONSTITUENT LE NOM DE CES DEUX ANIMAUX :

S P I C R A O N C N G O D I D L A E E

TA RÉPONSE :

SAUVONS LES ANIMAUX

ÉNIGME 2

INDICE 5

Les mammifères terrestres ne sont pas les seuls à être menacés. Un gros mammifère marin est chassé pour sa peau et sa graisse. Il peut mesurer une trentaine de mètres et peser jusqu'à 150 tonnes !

CETTE CHARADE VA T'AIDER À TROUVER LE NOM DE CET ANIMAL :

- MON PREMIER EST LE CONTRAIRE DE HAUT : ☐☐☐
- MON SECOND EST LE CONTRAIRE DE BEAU : ☐☐☐☐
- MON TROISIÈME PEUT ÊTRE FAIT AVEC UN LACET : ☐☐☐☐☐
- MON TOUT EST LE PLUS GROS MAMMIFÈRE MARIN DE LA PLANÈTE !

TA RÉPONSE : ☐☐☐☐☐☐☐

ÉNIGME 2 DÉNOUEMENT

Heureusement, des hommes et des femmes se mobilisent pour protéger toutes ces espèces. Une de leurs actions est de créer des lieux naturels où les animaux sont en sécurité.

PLACE LES NOMS DES ANIMAUX DE CHAQUE INDICE DANS LA GRILLE, LES LETTRES EN COULEUR TE DONNERONT LE NOM DE CES LIEUX.

BRAVO, GRÂCE À TOI MATHIS VA POUVOIR ÉCRIRE UN ARTICLE TRÈS INTÉRESSANT !

ÉNIGME 3

PROTÉGEONS NOTRE PLANÈTE

ÉNIGME 3 L'HISTOIRE

Dans la ville de Nina et Mathis, on organise une opération « Ville propre et fleurie ». Ils décident d'y participer. Mais quelles solutions peuvent-ils proposer ?

PEUX-TU LES AIDER À LES TROUVER ?

PROTÉGEONS NOTRE PLANÈTE

ÉNIGME 3

INDICE 1 La première opération consiste à trier les déchets. Chaque poubelle a sa couleur !

RELIE CHAQUE DÉCHET À LA POUBELLE QUI LUI CORRESPOND.
ATTENTION AUX INTRUS !

DE QUELLE COULEUR EST LA POUBELLE OÙ TU DÉPOSES LE BOCAL ?

TA RÉPONSE : ☐☐☐☐☐

PROTÉGEONS NOTRE PLANÈTE

INDICE 2

Nina et Mathis aimeraient bien créer un espace pour recycler les épluchures, les feuilles et les fleurs fanées...

POUR SAVOIR COMMENT ON APPELLE CE MÉLANGE DE RÉSIDUS, TROUVE L'INITIALE DE CHACUN DE CES FRUITS ET LÉGUMES ET TU DÉCOUVRIRAS SON NOM.

TA RÉPONSE :

INDICE 3

Dans la rue, les trottoirs sont vraiment sales ! Nina et Mathis décident d'organiser une journée de ramassage. Il va leur falloir du matériel.

POUR LES AIDER À FAIRE UNE LISTE DE CE DONT ILS ONT BESOIN, RETROUVE LES LETTRES CORRESPONDANT À CHAQUE OBJET SUR LE DESSIN ET NOTE EN BAS DE PAGE L'OBJET C.

- GANTS
- MASQUE
- CHAUSSURES
- PINCE
- TABLIER
- SAC

TA RÉPONSE :

ÉNIGME 3

PROTÉGEONS NOTRE PLANÈTE

INDICE 4

Il est important de planter aussi des fleurs qui attirent les insectes.

OBSERVE LE CODE QUI T'INDIQUE À QUELLE LETTRE CORRESPOND CHAQUE FLEUR ET TU TROUVERAS CE QUE NINA ET MATHIS DOIVENT PLANTER POUR AVOIR DES FLEURS.

- TULIPE ROSE — B
- NARCISSE JAUNE — S
- TULIPE JAUNE — U
- JACINTHE ROSE — E
- JACINTHE BLEUE — L

TA RÉPONSE :

INDICE 5

L'abeille est un insecte menacé. Nina et Mathis aimeraient bien lui construire un abri pour la protéger.

À L'AIDE DU CODE, TROUVE CE QUE VEULENT CONSTRUIRE NINA ET MATHIS.

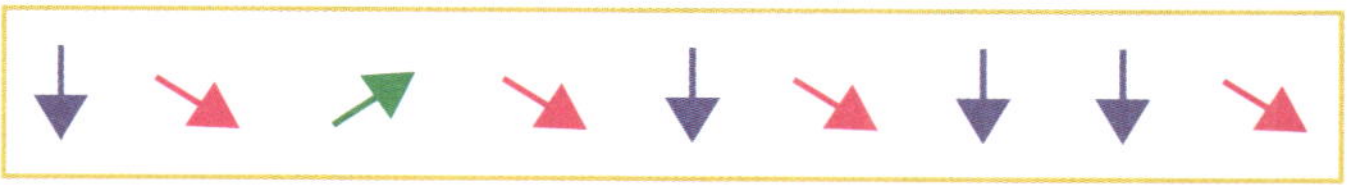

TA RÉPONSE :

ÉNIGME 3 DÉNOUEMENT

Les propositions de Nina et Mathis ont bien progressé. Aide-les maintenant à écrire le message qu'ils veulent transmettre aux habitants de leur ville en résolvant ce rébus.

TA RÉPONSE :

BRAVO ! GRÂCE À TOI NINA ET MATHIS VONT ORGANISER UNE JOURNÉE TRÈS EFFICACE !

ÉNIGME 4

LA VISITE DE PARIS

ÉNIGME 4

L'HISTOIRE

Nina et Mathis partent à la conquête de Paris, la capitale de la France. Connais-tu cette ville qu'on appelle aussi la Ville lumière ? Sauras-tu les guider parmi tous ces merveilleux monuments construits il y a fort longtemps ? Aide Nina et Mathis à découvrir le nom que portait la ville au temps des Gaulois.

À TOI DE JOUER !

LA VISITE DE PARIS

INDICE 1 Nina et Mathis explorent Paris. Quelle grande ville ! Le musée qu'ils s'apprêtent à visiter est l'un des plus grands au monde. Sais-tu comment il s'appelle ?

À PARTIR DU TABLEAU QUI TE DONNE LA LETTRE CORRESPONDANT À CHAQUE ASSOCIATION D'OBJETS, TROUVE L'ENDROIT OÙ SE RENDENT NINA ET MATHIS

↗ +	SCULPTURE	TABLEAU	BIJOU	PYRAMIDE
TABLEAU	M	V	I	D
PYRAMIDE	A	G	U	X
SCULPTURE	J	L	R	F
BIJOU	O	C	N	E

L ___ ___ ___ ___ ___

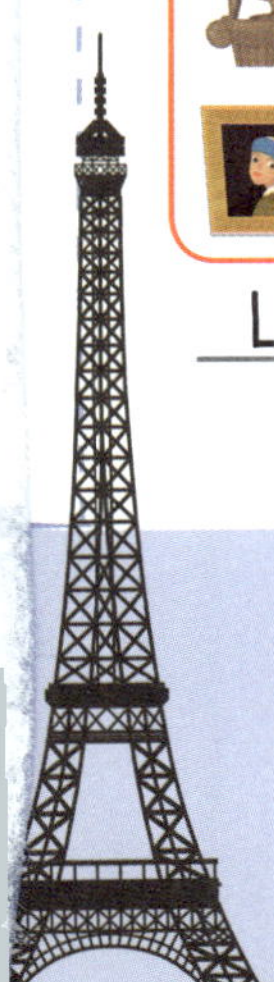

TA RÉPONSE : ☐☐☐☐☐☐

LA VISITE DE PARIS

INDICE 2

Arrivés au musée, Nina et Mathis se hâtent d'aller voir *la Joconde*, peinte au XVIe siècle. C'est une des œuvres d'art les plus célèbres au monde !

AIDE NINA ET MATHIS À RETROUVER LE TITRE DE CE TABLEAU ET LE NOM DE SON PEINTRE EN RECOPIANT CES MOTS DANS LE BON ORDRE.

MONNA

VINCI

DE

LISA

LÉONARD

TA RÉPONSE :

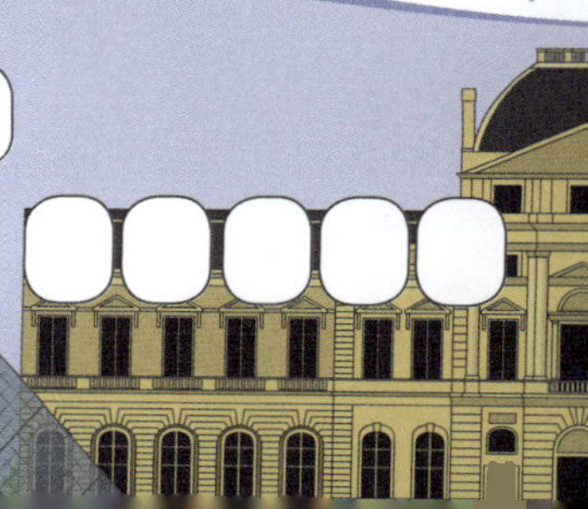

INDICE 3

Et maintenant, direction la tour Eiffel ! Elle a été construite pour l'Exposition universelle de 1889. Tu as vu comme elle semble grande !

PARMI CES NOMBRES, TROUVE SA HAUTEUR À L'AIDE DES INFORMATIONS SUIVANTES :

JE SUIS PLUS HAUTE QUE LA TOUR MONTPARNASSE DONT LA HAUTEUR EST INFÉRIEURE À 240 MÈTRES, MAIS JE SUIS MOINS HAUTE QUE L'EMPIRE STATE BUILDING À NEW YORK QUI MESURE 381 MÈTRES.

233

381

324

205

TA RÉPONSE : ☐☐☐ MÈTRES

LA VISITE DE PARIS

INDICE 4

Mathis et Nina aimeraient bien se promener sur le fleuve. Ils regardent passer les Bateaux-Mouches qui naviguent tranquillement.

SAIS-TU COMMENT S'APPELLE LE FLEUVE QUI TRAVERSE PARIS ?
LIS CES INDICES ET TU TROUVERAS SON NOM.

- LA PREMIÈRE LETTRE EST LA 19E LETTRE DE L'ALPHABET ◯
- LA DEUXIÈME LETTRE EST LA 5E LETTRE DE L'ALPHABET ◯
- LA TROISIÈME LETTRE EST LA 9E LETTRE DE L'ALPHABET ◯
- LA QUATRIÈME LETTRE EST LA 14E LETTRE DE L'ALPHABET ◯
- ET ENFIN LA CINQUIÈME LETTRE EST LA MÊME QUE LA DEUXIÈME LETTRE ◯

TA RÉPONSE : ◯◯◯◯◯

INDICE 5 Au loin, Nina et Mathis aperçoivent une immense cathédrale située sur l'île de la Cité.

POUR TROUVER LE NOM DE CET ÉDIFICE, REMETS DANS L'ORDRE LES LETTRES CACHÉES DANS LA ROSACE.

TA RÉPONSE : ☐☐☐☐☐ - ☐☐☐☐

ÉNIGME 4 DÉNOUEMENT

Ça y est, Nina et Mathis ont fini leur visite de Paris.
Il leur reste à déchiffrer le nom que portait la capitale à l'époque des Gaulois.

MAIS COMMENT LE TROUVER ? PEUT-ÊTRE EST-IL FORMÉ DE CERTAINES LETTRES DES INDICES TROUVÉS LORS DE NOTRE VISITE ? MAIS OUI, BIEN SÛR !

- La 1re lettre de son nom est la 1re lettre du 1er indice.
- La 2e lettre de son nom est la 3e lettre du 1er indice.
- La 3e lettre de son nom est la 3e lettre du 5e indice.
- La 4e lettre de son nom est la 2e lettre du 4e indice.
- La 5e lettre de son nom est la 13e lettre du nom du peintre du 2e indice.
- La 6e lettre de son nom est la 5e lettre du 4e indice.

Alors, comment se nommait Paris à l'époque des Gaulois ?

☐☐☐☐☐☐

BRAVO ! TU AS ÉTÉ UN EXCELLENT GUIDE ! NINA ET MATHIS ONT HÂTE DE REVENIR SE PROMENER À PARIS !

ÉNIGME 5

À LA CONQUÊTE DE L'ESPACE

ÉNIGME 5 L'HISTOIRE

Nina est fascinée par le ciel. Plus tard, elle voudrait être astronaute. Elle a décidé de participer à un grand concours. Elle rêve de remporter le 1er prix. Pour y parvenir, elle va avoir besoin de ton aide !

PRÊT POUR LE DÉCOLLAGE ?

À LA CONQUÊTE DE L'ESPACE

ÉNIGME 5

INDICE 1

Cet été, Nina a observé de longues traînées de lumière traverser le ciel. Le spectacle était magique ! En rentrant dans notre atmosphère, les météorites semblent prendre feu.
Sais-tu comment on appelle ces drôles d'étoiles ?

POUR LE SAVOIR, RECONSTITUE LE MOT EN CLASSANT LES ÉTOILES DE LA PLUS PETITE À LA PLUS GRANDE.

TA RÉPONSE :

ÉNIGME 5

À LA CONQUÊTE DE L'ESPACE

INDICE 2

Pour observer le ciel, Nina possède un instrument constitué d'un long tube. Elle l'utilise souvent pour regarder la Lune.

POUR TROUVER LE NOM DE CE DRÔLE D'OBJET, REPORTE-TOI AU TABLEAU DE LETTRES ET SUIS LES INDICATIONS :

- DEPUIS LE T, COMPTE 4 CASES VERS LA DROITE,
- 5 CASES VERS LE BAS,
- 3 CASES VERS LA GAUCHE,
- 2 CASES VERS LE HAUT,
- 4 CASES VERS LA DROITE,
- 2 CASES VERS LE HAUT,
- 2 CASES VERS LA GAUCHE ET
- 3 CASES VERS LE BAS.

T	B	A	M	E	I
X	D	N	P	H	O
G	V	U	R	A	S
Z	S	J	K	B	C
Y	W	T	E	U	F
R	E	V	Q	L	A

TA RÉPONSE :

INDICE 3

Comme toutes les planètes de notre Système solaire, la Terre tourne autour du Soleil.
Notre planète met un an pour faire ce long voyage, mais à combien de jours correspond un an ?

TROUVE LA RÉPONSE EN SACHANT QUE LE CHIFFRE DES CENTAINES SE TROUVE SUR SATURNE ET SES ANNEAUX, LE CHIFFRE DES DIZAINES SUR LA TERRE ET LE CHIFFRE DES UNITÉS SUR MERCURE, LA PLANÈTE LA PLUS PROCHE DU SOLEIL.

CENTAINES	DIZAINES	UNITÉS

TA RÉPONSE : ☐☐☐ JOURS

ÉNIGME 5

À LA CONQUÊTE DE L'ESPACE

INDICE 4

Connais-tu le nom des planètes de notre Système solaire ? Avec la Terre, sept autres planètes gravitent autour du Soleil : Mercure, Vénus, Mars, Saturne, Uranus, Neptune et …….. ? Zut ! Nina a oublié le nom de la dernière.

TROUVE-LE EN RÉSOLVANT CETTE CHARADE :

- MON PREMIER EST UNE BOISSON FAITE À PARTIR DE FRUITS : ___ ___ ___
- MON SECOND EST LA MAMELLE DE LA VACHE : ___ ___ ___
- ON PEUT PLANTER DES GRAINES DANS MON TROISIÈME : ___ ___ ___ ___ ___
- MON TOUT EST LA PLUS GROSSE PLANÈTE DU SYSTÈME SOLAIRE .

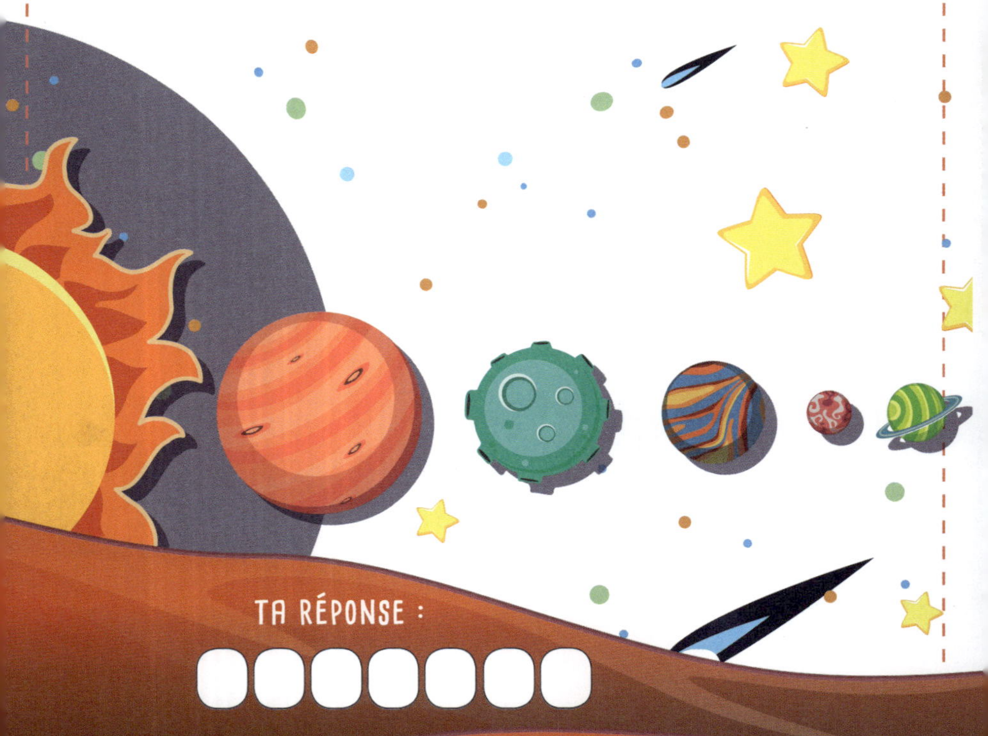

TA RÉPONSE :

☐☐☐☐☐☐☐

INDICE 5

La première étoile qui apparaît dans le ciel s'appelle l'étoile du Berger. En réalité, il s'agit d'une planète de notre Système solaire.

POUR TROUVER SON NOM, AIDE-TOI DES INFORMATIONS SUIVANTES :

- L'ÉTOILE DU BERGER N'EST PAS LA PLANÈTE LA PLUS PROCHE NI LA PLUS ÉLOIGNÉE DU SOLEIL.
- L'ÉTOILE DU BERGER N'EST PAS ROUGE ET NE SE SITUE PAS ENTRE SATURNE ET NEPTUNE.
- L'ÉTOILE DU BERGER N'A PAS D'ANNEAUX ET N'EST PAS LA PLUS GROSSE PLANÈTE DU SYSTÈME SOLAIRE.

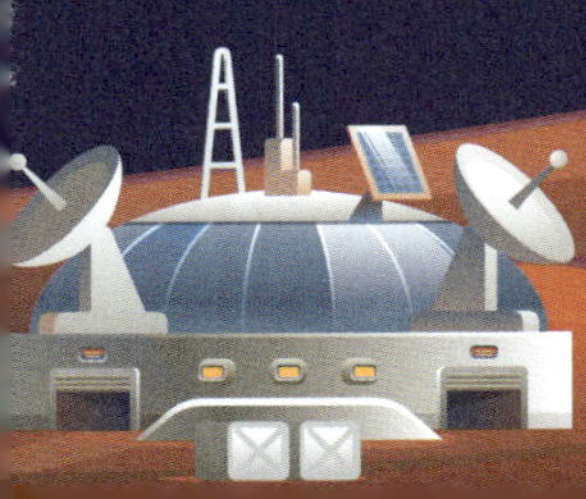

TA RÉPONSE : ☐☐☐☐☐

ÉNIGME 5 DÉNOUEMENT

Maintenant que tu as trouvé tous les indices, Nina est très impatiente de découvrir ce qu'elle peut gagner ! Pour savoir de quoi il s'agit, sers-toi des indices :

- La 1re lettre du 1er indice : ☐
- La 2e lettre du 4e indice : ☐
- La 5e lettre du 5e indice : ☐
- La 2e lettre du 2e indice : ☐
- La 6e lettre du 4e indice : ☐

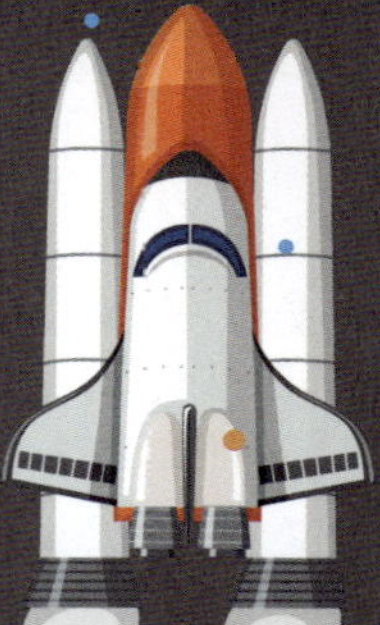

La visite d'une :

☐☐☐☐☐

BRAVO ! GRÂCE À TOI NINA TOUTES SES CHANCES DE GAGNER LE CONCOURS !

ÉNIGME 6

VOYAGE

DANS LE

PASSÉ

ÉNIGME 6 L'HISTOIRE

Aujourd'hui, madame Sophie Fossil, une archéologue très connue, vient expliquer son métier aux élèves de l'école. Sur les sites archéologiques, les équipes de chercheurs restent plusieurs mois pour essayer de découvrir des objets, des restes de maisons, des squelettes, des traces de peintures. Nina et Mathis se demandent comment et quand l'homme a-t-il fait du feu pour la première fois ?

À TOI DE DÉCOUVRIR CE DRÔLE DE MYSTÈRE !

INDICE 1

Découverte en 1940 en France, une grotte abrite des peintures qui représentent des animaux comme des chevaux, des cerfs et même un ours.

POUR CONNAÎTRE LE NOM DE CETTE GROTTE TRÈS CÉLÈBRE, DÉCODE CETTE PHRASE :

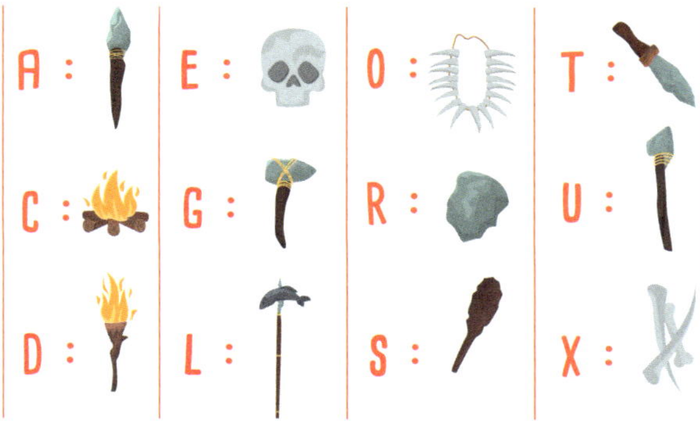

TA RÉPONSE :

ÉNIGME 6

VOYAGE DANS LE PASSÉ

INDICE 2 Pour travailler, l'archéologue a besoin de différents outils.

PARMI CES OBJETS, TROUVE L'INTRUS.

TA RÉPONSE : ▢▢▢▢▢▢▢▢

INDICE 3 Les archéologues font aussi des fouilles dans la mer. Sous le sable, ils retrouvent des bateaux échoués il y a des centaines ou des milliers d'années.

RETROUVE L'OMBRE CORRESPONDANT À CE MAGNIFIQUE DRAKKAR VIKING.

TA RÉPONSE :

ÉNIGME 6

VOYAGE DANS LE PASSÉ

INDICE 4

Au Mexique, beaucoup de vestiges appartenant à la civilisation Maya ont été découverts par les archéologues.

CE MAYA A ÉGARÉ SON MASQUE. PEUX-TU L'AIDER À LE RETROUVER EN SUIVANT LE BON CHEMIN ?

TA RÉPONSE :

VOYAGE DANS LE PASSÉ

ÉNIGME 6

INDICE 5

En 1974, en Éthiopie, des scientifiques ont fait une découverte qui a bouleversé l'histoire de l'humanité. Ils ont retrouvé un squelette de femme, vieux de plus de 3 millions d'années. Sais-tu comment ils ont appelé cette ancêtre ?

RETROUVE SON NOM GRÂCE AUX INFORMATIONS SUIVANTES :

- LA 1RE LETTRE SE SITUE ENTRE LES LETTRES K ET M : ◯
- MA 2E LETTRE EST LA 5E VOYELLE : ◯
- MA 3E LETTRE EST AUSSI LA 3E DE L'ALPHABET : ◯
- MA 4E LETTRE EST L'AVANT-DERNIÈRE LETTRE DE L'ALPHABET : ◯

TA RÉPONSE : ◯◯◯◯

ÉNIGME 6 DÉNOUEMENT

La découverte du feu a été pour l'homme une très grande découverte car elle lui a permis de faire cuire ses aliments, de se protéger des animaux sauvages et de faire reculer un certain nombre de maladies.

Pour faire du feu, l'homme avait deux méthodes : soit il faisait tourner une baguette de bois dur sur une planche de bois tendre, soit il frappait deux pierres dures entre elles. Grâce aux indices récoltés, tu vas pouvoir savoir comment s'appellent ces pierres.

- La 1re lettre du mot est la lettre qui se situe entre le A et le C de mon 1er indice.
- La 2e lettre correspond à la réponse de l'indice 4.
- La 3e lettre est la 1re lettre du 5e indice.
- La 4e lettre apparaît 3 fois dans le 2e indice.
- La 5e lettre correspond à la réponse de l'indice 3.

TA RÉPONSE :

GÉNIAL ! GRÂCE À TOI, NINA ET MATHIS SONT PRÊTS POUR ACCUEILLIR L'ARCHÉOLOGUE !

ÉNIGME 7

OPÉRATION CALENDRIER

ÉNIGME 7 L'HISTOIRE

Mathis et Nina veulent réaliser un calendrier illustré géant. Ils ont encore un peu de mal à se repérer dans le temps mais savent tout de même qu'une année est constituée de 12 mois et qu'une semaine regroupe 7 jours. Mais ils se demandent quelle est l'origine des jours de la semaine.

Pour les aider dans leurs recherches, tu vas devoir récolter des indices.

À TOI DE JOUER !

OPÉRATION CALENDRIER

ÉNIGME 7

INDICE 1

Mathis n'est pas sûr de lui. Il ne sait plus si mardi est avant ou après mercredi et si samedi est entre vendredi et dimanche ou entre jeudi et vendredi ?

POUR L'AIDER, METS LES JOURS DE LA SEMAINE DANS LE BON ORDRE EN RELIANT CHAQUE MOT À LA BONNE ÉTIQUETTE.

VENDREDI •	1 lundi
MARDI •	2
DIMANCHE •	3
MERCREDI •	4
LUNDI •	5
SAMEDI •	6
JEUDI •	7

QUEL EST LE 3^{E} JOUR DE LA SEMAINE ?

TA RÉPONSE : ☐☐☐☐☐☐☐☐

ÉNIGME 7

OPÉRATION CALENDRIER

INDICE 2

Nina s'occupe de recopier les 12 mois de l'année.
Mais il lui manque le nom de 4 mois.

AIDE-LA EN RETROUVANT LES MOIS CACHÉS DANS LA GRILLE ET COLORIE-LES EN BLEU. LES MOTS PEUVENT SE LIRE DE GAUCHE À DROITE ET DE HAUT EN BAS.

E	R	V	I	F	U	N	A
A	O	C	T	O	B	R	E
D	H	K	C	A	X	I	D
M	Z	V	N	K	O	F	C
A	T	Y	A	O	U	T	P
R	S	B	L	E	M	F	R
S	C	J	U	I	N	B	G
C	T	I	O	V	S	U	P

LORS DE QUEL MOIS COMMENCE LE PRINTEMPS ?

TA RÉPONSE : ☐☐☐☐

OPÉRATION CALENDRIER

ÉNIGME 7

INDICE 3

Pour que son calendrier soit parfait, Mathis doit inscrire les mois dans le bon ordre. Pour cela, calcule la somme des dés à côté de chaque mois pour trouver leur place dans le calendrier.

MARS ⚀ + ⚁ =	JUIN ⚃ + ⚁ =
DÉCEMBRE ⚅ + ⚅ =	FÉVRIER ⚀ + ⚀ =
JUILLET ⚁ + ⚄ =	AOÛT ⚁ + ⚅ =
MAI ⚁ + ⚂ =	AVRIL ⚀ + ⚂ =
JANVIER ⚀ + 0 =	NOVEMBRE ⚄ + ⚅ =
SEPTEMBRE ⚄ + ⚃ =	OCTOBRE ⚄ + ⚄ =

QUEL EST LE 7E MOIS DE L'ANNÉE ?

TA RÉPONSE :

Énigme 7

Opération calendrier

Indice 4

Nina remarque que tous les mois de l'année n'ont pas le même nombre de jours. Résous ce rébus pour savoir quel mois est le plus court.

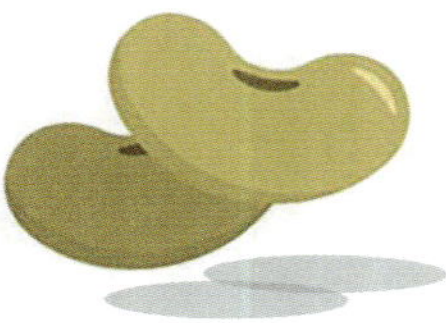

_ _ _ _   _ _ _   _ _ _ _

Quel mois arrive 9 mois après le mois que tu viens de trouver ?

Ta réponse :

OPÉRATION CALENDRIER

ÉNIGME 7

INDICE 5

À présent, Il faut trouver des images pour illustrer le calendrier.

TROUVE LE CHEMIN QUI RELIE CHAQUE SAISON À SON ILLUSTRATION.

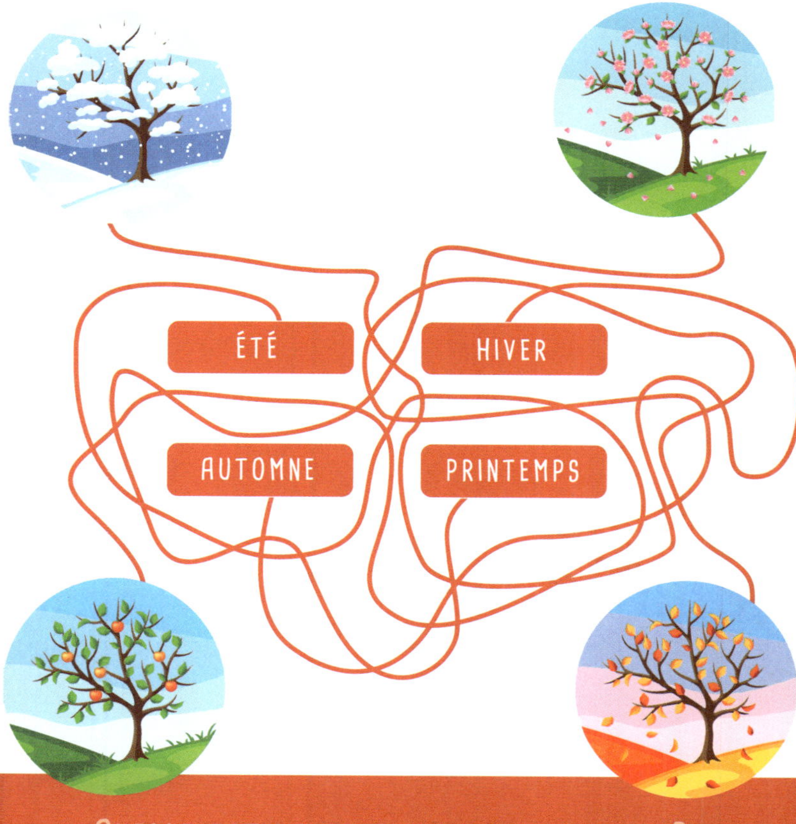

QUELLE EST LA SAISON LA PLUS FROIDE ?

TA RÉPONSE :

ÉNIGME 7 DÉNOUEMENT

Il y a très longtemps, les habitants de la Mésopotamie ont baptisé les jours de la semaine d'après le nom des planètes :

Lune → Lundi
Mars → Mardi
Mercure → Mercredi
Jupiter → Jeudi
Vénus → Vendredi
Saturne → Samedi

GRÂCE AUX INDICES RÉCOLTÉS, INSCRIS DANS LES CASES CI-DESSOUS À QUEL ASTRE CORRESPOND LE DIMANCHE, SACHANT QUE :

- La 1re lettre de son nom est la 4e lettre du 2e indice.
- La 2e lettre de son nom est la 2e lettre du 4e indice.
- La 3e lettre de son nom est la 4e lettre du 3e indice.
- La 4e lettre de son nom est la 6e lettre du 1er indice.
- La 5e lettre de son nom est la 2e lettre du 5e indice.
- La 6e lettre de son nom est la 5e lettre du 3e indice.

TA RÉPONSE :

BRAVO ! NINA ET MATHIS ONT RÉALISÉ GRÂCE À TOI UN SUPERBE CALENDRIER !

ÉNIGME 8

AU PAYS DES DIEUX ET DES HÉROS

ÉNIGME 8 L'HISTOIRE

Nina vient d'emprunter à la bibliothèque un livre sur la mythologie grecque. Les histoires de ces héros sont passionnantes ! À la fin de sa lecture, tu devras l'aider à résoudre une énigme divine…

À TOI DE JOUER !

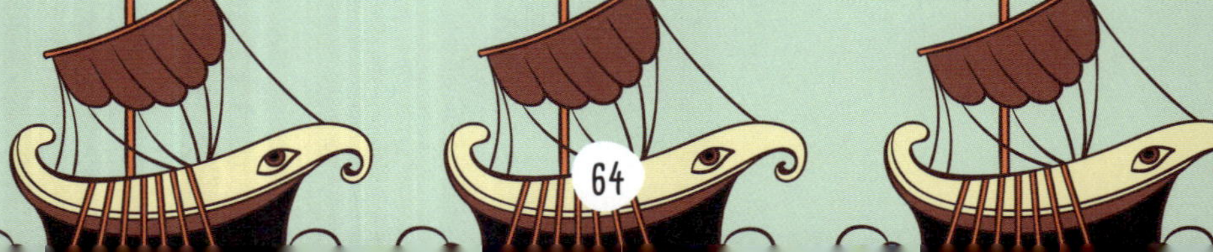

ÉNIGME 8

INDICE 1 Une déesse de la guerre et de la sagesse a donné son nom à la capitale de la Grèce. Comment se nomme-t-elle ?

TU TROUVERAS SON NOM EN CLASSANT LES AMPHORES DE LA PLUS PETITE À LA PLUS GRANDE PUIS EN RECOPIANT LES LETTRES DANS L'ORDRE.

TA RÉPONSE :

AU PAYS DES DIEUX ET DES HÉROS

INDICE 2

Poséidon, le dieu de la Mer, tombe amoureux de la très belle Méduse. Ensemble, ils ont un fils, Pégase, un cheval pas comme les autres.

EN RELIANT LES NOMBRES DANS LE BON ORDRE, TU DÉCOUVRIRAS LA PARTICULARITÉ DE CETTE CRÉATURE.

TA RÉPONSE :

☐☐☐☐☐

ÉNIGME 8

INDICE 3

Ulysse est un héros très célèbre. Après un voyage qui a duré plusieurs années, il retrouve sa femme, restée sur l'île d'Ithaque.

TROUVE LE CHEMIN QUI MÈNERA ULYSSE JUSQU'À SA FEMME. NOTE LES LETTRES QUE TU TROUVERAS SUR LE BON CHEMIN POUR CONNAÎTRE SON PRÉNOM.

TA RÉPONSE : ☐☐☐☐☐☐☐☐

INDICE 4

Chez les Grecs, Aphrodite était la déesse de l'amour. Chez les Romains, cette déesse portait le nom d'une planète.

REMPLACE CHAQUE LETTRE PAR LA LETTRE QUI VIENT JUSTE APRÈS DANS L'ALPHABET ET TU TROUVERAS SON NOM ROMAIN.

U D M T R

TA RÉPONSE :

INDICE 5

Connais-tu les aventures du héros Thésée ?
Il doit tuer le Minotaure, un monstre mi-homme mi-animal, enfermé dans un labyrinthe.

AIDE THÉSÉE À TROUVER LE CHEMIN QUI LE MÈNE AU MINOTAURE.

DE QUELLE TÊTE D'ANIMAL S'AGIT-IL ?

TA RÉPONSE :

ÉNIGME 8 DÉNOUEMENT

Tu sais déjà beaucoup de choses. Mais il te reste à présent à trouver le nom du dieu principal de la mythologie grecque ; le père de nombreux dieux et déesses.

- La 1re lettre de mon nom est la dernière lettre de l'alphabet.
- La 2e est une voyelle présente 3 fois dans l'indice 3.
- La 3e est l'avant-dernière lettre de l'indice 4
- La 4e est la dernière lettre de l'indice 2.

TA RÉPONSE :

BRAVO ! GRÂCE À TOI, NINA VA POUVOIR ÉCRIRE UN RÉSUMÉ TRÈS PRÉCIS !

SOLUTIONS

LE CORPS HUMAIN, CETTE ÉTONNANTE MACHINE

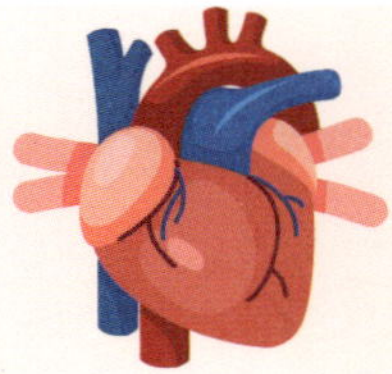

INDICE 1 P. 9 - Réponse : TÊTE

INDICE 2 P. 10 - Réponse : CRÂNE

INDICE 3 P. 11 - Réponse : COEUR

INDICE 4 P. 12 - Réponse : VITAMINES

INDICE 5 P. 13 - Réponse : NEZ

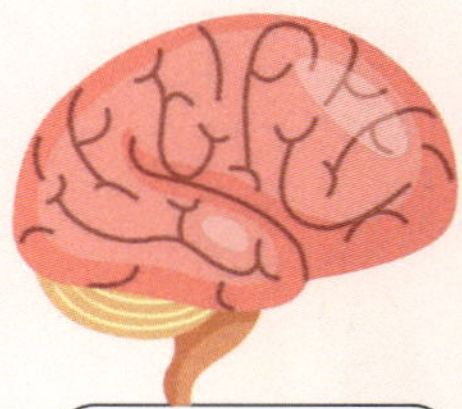

DÉNOUEMENT P. 14 - Réponse : CERVEAU

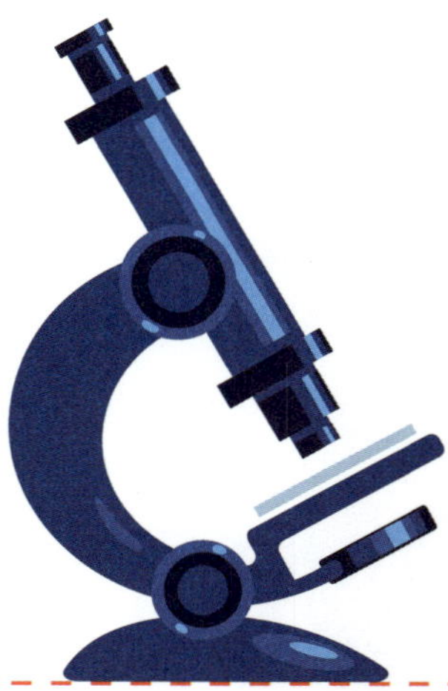

SAUVONS LES ANIMAUX

INDICE 1 P.17 - Réponse : RHINOCÉROS

INDICE 2 P.18 - Réponse : BANQUISE

INDICE 3 P.19 - Réponse : ABEILLE

INDICE 4 P.20 - Réponse : PANDA

INDICE 5 P.21 - Réponse : BALEINE

DÉNOUEMENT P.22 - Réponse : PARCS

PROTÉGEONS NOTRE PLANÈTE

INDICE 1 P. 25 - Réponse : VERTE

INDICE 2 P. 26 - Réponse : COMPOST

INDICE 3 P. 27 - Réponse : MASQUE

INDICE 4 P. 28 - Réponse : BULBES

INDICE 5 P. 29 - Réponse : RUCHE

DÉNOUEMENT P. 30 - Réponse : MERCI DE JETER VOS DÉCHETS DANS LA POUBELLE !

LA VISITE DE PARIS

INDICE 1 P. 33 - Réponse : LOUVRE

INDICE 2 P. 34 - Réponse : MONNA LISA ; LÉONARD DE VINCI

INDICE 3 P. 35 - Réponse : 324 MÈTRES

INDICE 4 P. 36 - Réponse : SEINE

INDICE 5 P. 37 - Réponse : NOTRE-DAME

DÉNOUEMENT P. 38 - Réponse : LUTÈCE

À LA CONQUÊTE DE L'ESPACE

INDICE 1 P. 41 - Réponse : FILANTES

INDICE 2 P. 42 - Réponse : TÉLESCOPE

INDICE 3 P. 43 - Réponse : 365 JOURS

INDICE 4 P. 44 - Réponse : JUPITER

INDICE 5 P. 45 - Réponse : VÉNUS

DÉNOUEMENT P. 46 - Réponse : FUSÉE

VOYAGE DANS LE PASSÉ

INDICE 1 P. 49 - Réponse : LASCAUX

INDICE 2 P. 50 - Réponse : PERCEUSE

INDICE 3 P. 51 - Réponse : X

INDICE 4 P. 52 - Réponse : I

INDICE 5 P. 53 - Réponse : LUCY

DÉNOUEMENT P. 54 - Réponse : SILEX

Solutions

OPÉRATION CALENDRIER

INDICE 1 P. 57 - Réponse : MERCREDI

INDICE 2 P. 58 - Réponse : MARS

INDICE 3 P. 59 - Réponse : JUILLET

INDICE 4 P. 60 - Réponse : NOVEMBRE

INDICE 5 P. 61 - Réponse : HIVER

DÉNOUEMENT P. 62 - Réponse : SOLEIL

INDICE 1 P. 65 - Réponse : ATHÉNA

INDICE 2 P. 66 - Réponse : AILES

INDICE 3 P. 67 - Réponse : PÉNÉLOPE

INDICE 4 P. 68 - Réponse : VÉNUS

INDICE 5 P. 69 - Réponse : TAUREAU

DÉNOUEMENT P. 70 - Réponse : ZEUS

Crédits illustrations

© Adobestock.com : 23mg23 ; a7880ss ; achiichiii ; AI Studio ; alazur ; Albachiaraa ; alexandertrou ; alka5051 ; anatolir ; andrew_rybalko ; angkanasu ; aniskova_yulia ; annaviolet ; AnnstasAg ; antimartina ; ArdeaA ; ba_lyasina ; Bank-Bank ; Beboy ; Bluehousestudio ; blueringmedia ; brgfx ; castecodesign ; Catherine CLAVERY ; colorcocktail ; creativeteam ; Daniel Berkmann ; denis_pc ; dikobrazik ; djvstock ; ekyaky ; Evgeniya M ; Good Studio ; GraphicsRF ; Happypictures ; Hein Nouwens ; ianakauri ; Ico Maker ; Idey ; Igor ; imgstock ; incomible ; irina ; Isaxar ; Javid Kheyrabadi ; Jemastock ; johnnyknez ; juliars ; kankhem ; kateja ; Kazakova Maryia ; keanda ; kengmerry ; ksenia_bravo ; kupchynskyi12 ; lady-luck ; LaInspiratriz ; leks_052 ; lembergvector ; Lenan ; leopride ; Linza ; logistock ; lolo2013 ; Lorelyn Medina ; lulya ; macrovector ; Malchev ; MarinaMay ; maryvalery ; MatiasDelCarmine ; Matrioshka ; Mint Fox ; moleskostudio ; moremari ; mouse_md ; mything ; nadzeya26 ; nem4a ; nenilkime ; Oleg Lytvynenko ; ollegn ; ONYXprj ; p6m5 ; pandavector ; patrimonio designs ; perori ; qpiii ; Qualit Design ; rhoeo ; robu_s ; rosinka ; rudall30 ; sabelskaya ; Siberian Art ; Silvy78 ; Simu Mircea ; Space-Vector ; ssstocker ; stockakia ; Stockgiu ; t0m15 ; Tartila ; tigatelu ; Timurock ; topvectors ; varfolomeija ; Vasileva ; Vector Tradition ; Vectorvstocker ; Vikivector ; viktorijareut ; ylivdesign ; Данил Коршунов.

© Shutterstock.com : Gabriyel Onat ; Ola_view ; Paola Canzonetta ; Butusova Elena ; KatrinSnow.

PAPIER À BASE DE FIBRES CERTIFIÉES

LAROUSSE s'engage pour l'environnement en réduisant l'empreinte carbone de ses livres. Celle de cet exemplaire est de : 1,5 kg éq. CO_2
Rendez-vous sur www.larousse-durable.fr

Achevé d'imprimer chez Estella Graficas en Espagne
Dépôt légal : mars 2019 – 323127/02
N° de projet : 11044295 – mars 2020